KAKTEEN

Entdecke die coolsten Pflanzen der Wüste

HALLO, ENTDECKER!

Wusstest du, dass die Wüste nicht nur aus Sand und Sonne besteht?

Sie ist das Zuhause einiger der coolsten, seltsamsten und stacheligsten Pflanzen der Welt: der Kakteenfamilie!

3

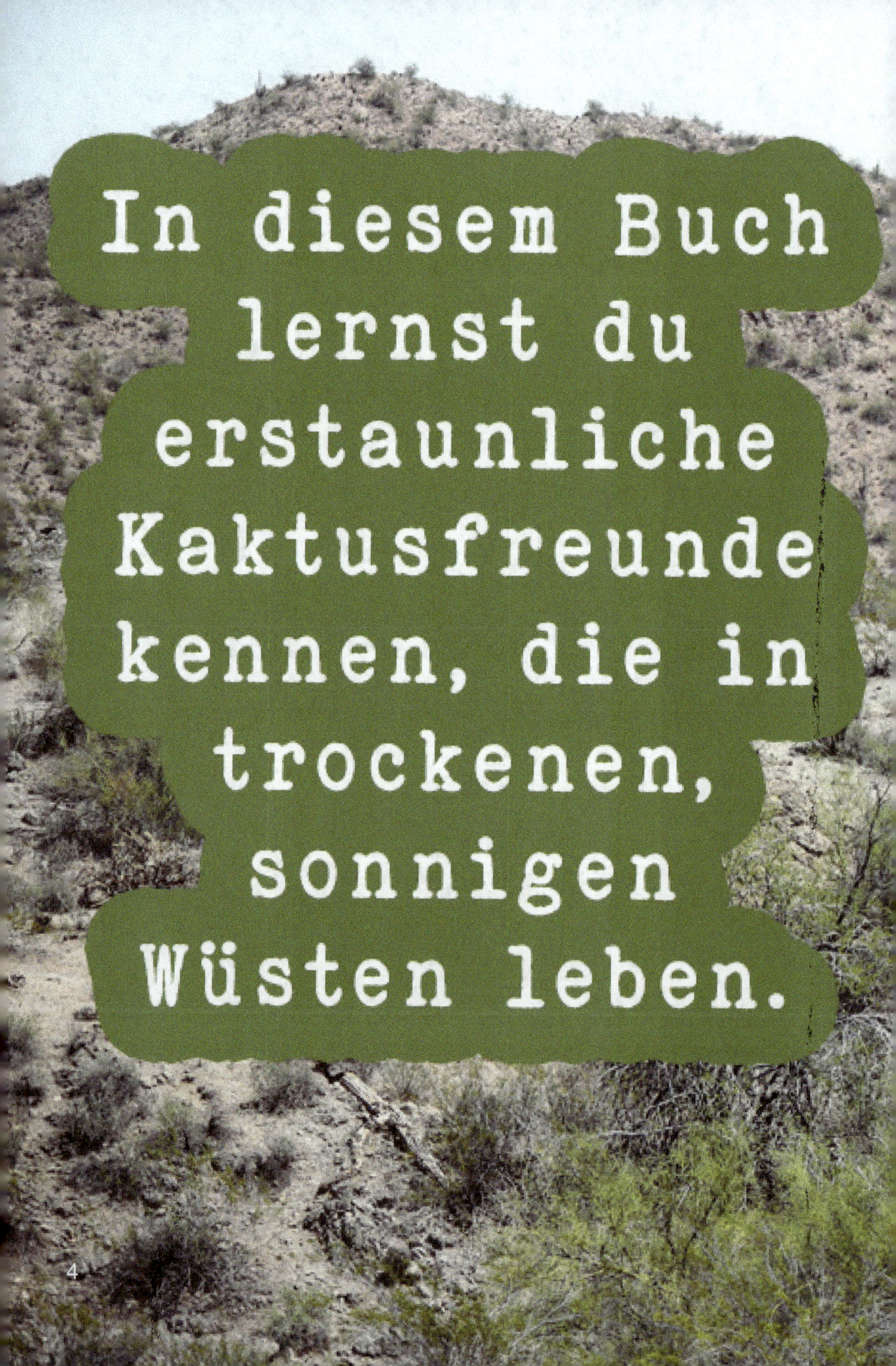

In diesem Buch lernst du erstaunliche Kaktusfreunde kennen, die in trockenen, sonnigen Wüsten leben.

Manche sind hoch wie Türme, manche rund wie Bälle, und manche sehen aus, als kämen sie direkt aus einem Märchenbuch!

Sie können zwar
nicht sprechen,
aber jeder von
ihnen hat eine
ganz besondere
Art, in der Hitze
zu überleben.

Also schnapp dir deine Wasserflasche, setz deinen Entdeckerhut auf und mach dich bereit, die Superstars der Wüste kennenzulernen, eine stachelige Pflanze nach der anderen!

1

SAGUARO
(Carnegiea gigantea)

Lerne den Saguaro kennen, den höchsten Kaktus der Wüste!

Er steht wie ein grüner Baum mit Armen, die sich zum Himmel strecken, und manche werden höher als ein zweistöckiges Haus.

Dieser mächtige Kaktus trägt im Frühling eine Krone aus weißen Blüten und wird zu einem gemütlichen Zuhause für Vögel wie Eulen und Spechte, die direkt in seinem Stamm nisten.

WUSSTEST DU SCHON?

Die Blüten des Saguaro sind die Staatsblume von Arizona!

Jede Blüte hält nur einen Tag, sie öffnet sich nachts und schließt sich am Nachmittag wieder.

Nach der Blüte verwandeln sich die Blüten in rote Früchte, die Wüstentiere besonders gerne fressen.

Kleine Vögel wie Gilaspechte und Elfeneulen bauen sich gemütliche Nester in Höhlen, die sie in diesen Kaktus hineinpicken!

Ein
ausgewachsener
Saguaro kann über
380 Liter Wasser
in seinem Inneren
speichern. Das ist
so, als würde er
eine ganze
Badewanne voller
Wasser tragen!

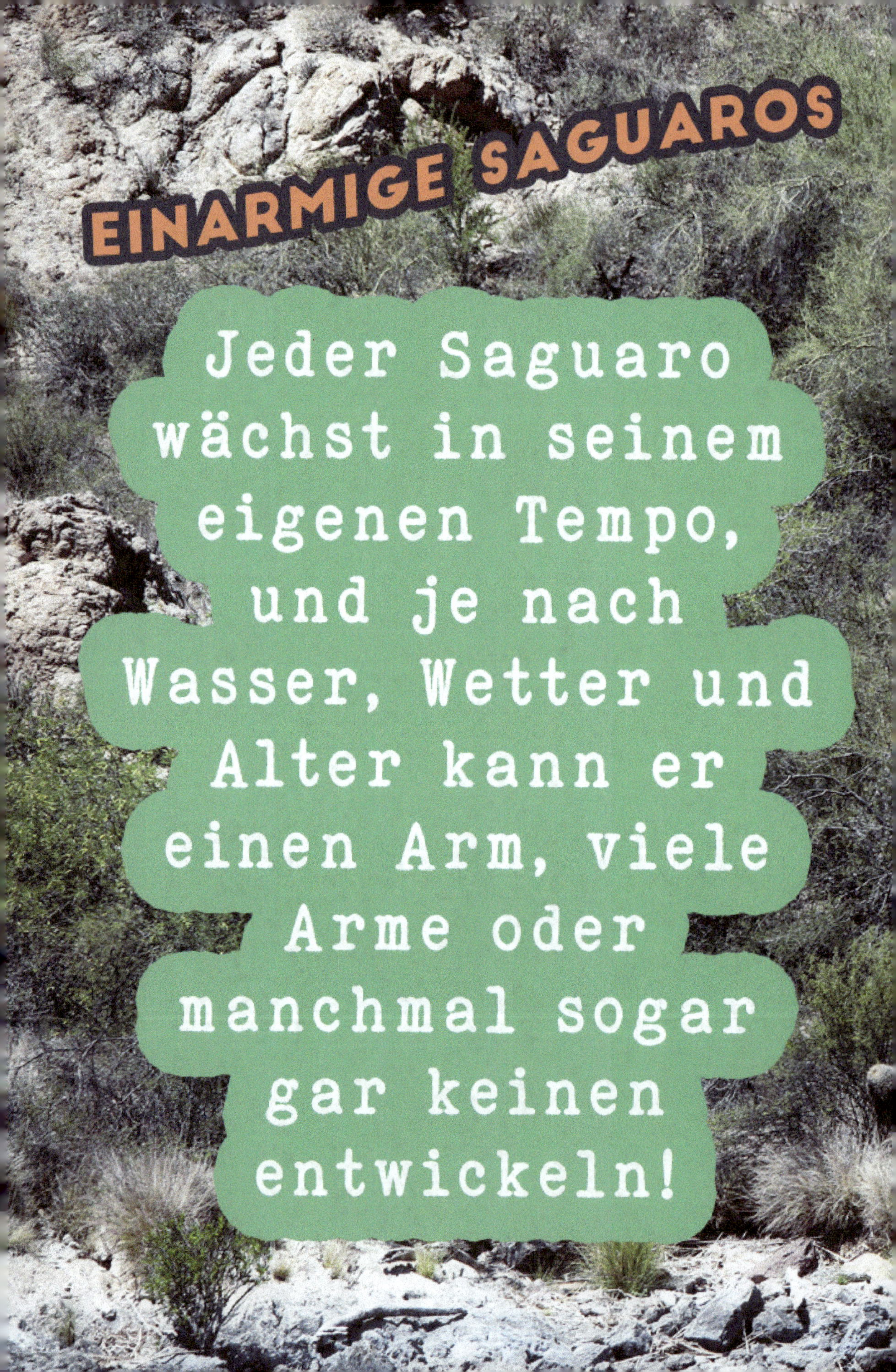

EINARMIGE SAGUAROS

Jeder Saguaro wächst in seinem eigenen Tempo, und je nach Wasser, Wetter und Alter kann er einen Arm, viele Arme oder manchmal sogar gar keinen entwickeln!

Ein Saguaro beginnt normalerweise erst im Alter von etwa 50 bis 70 Jahren damit, Arme zu bilden.

Wenn du also einen hohen Kaktus mit nur einem Arm siehst, wink ihm ruhig zu, er fängt wahrscheinlich gerade erst an!

Der
Saguaro-Kaktus
hat scharfe
Stacheln, die ihn
nicht nur vor
Tieren schützen,
sondern ihm auch
helfen, kühl zu
bleiben, indem
sie winzige
Schatten auf
seine Oberfläche
werfen.

Saguaros können mehr als 150 Jahre alt werden.

KAKTEENFEIGE
(Opuntien)

Die Kakteenfeige sieht aus, als würde sie grüne Hasenohren oder flache Pfannkuchen wachsen lassen!

Statt großer, scharfer Dornen ist sie mit winzigen, flauschigen Punkten bedeckt, die Glochiden genannt werden, aber fass sie lieber nicht an, sie können dich trotzdem pieksen!

Manche Kakteenfeigen
blühen im Frühling
mit leuchtend gelben,
orangefarbenen oder
rosafarbenen Blüten.

WUSSTEST DU SCHON?

Kakteenfeigen helfen auch Tieren!

Ihre flachen Kaktusglieder und Früchte bieten Wüstentieren wie Schildkröten, Vögeln und Insekten Nahrung und Schutz.

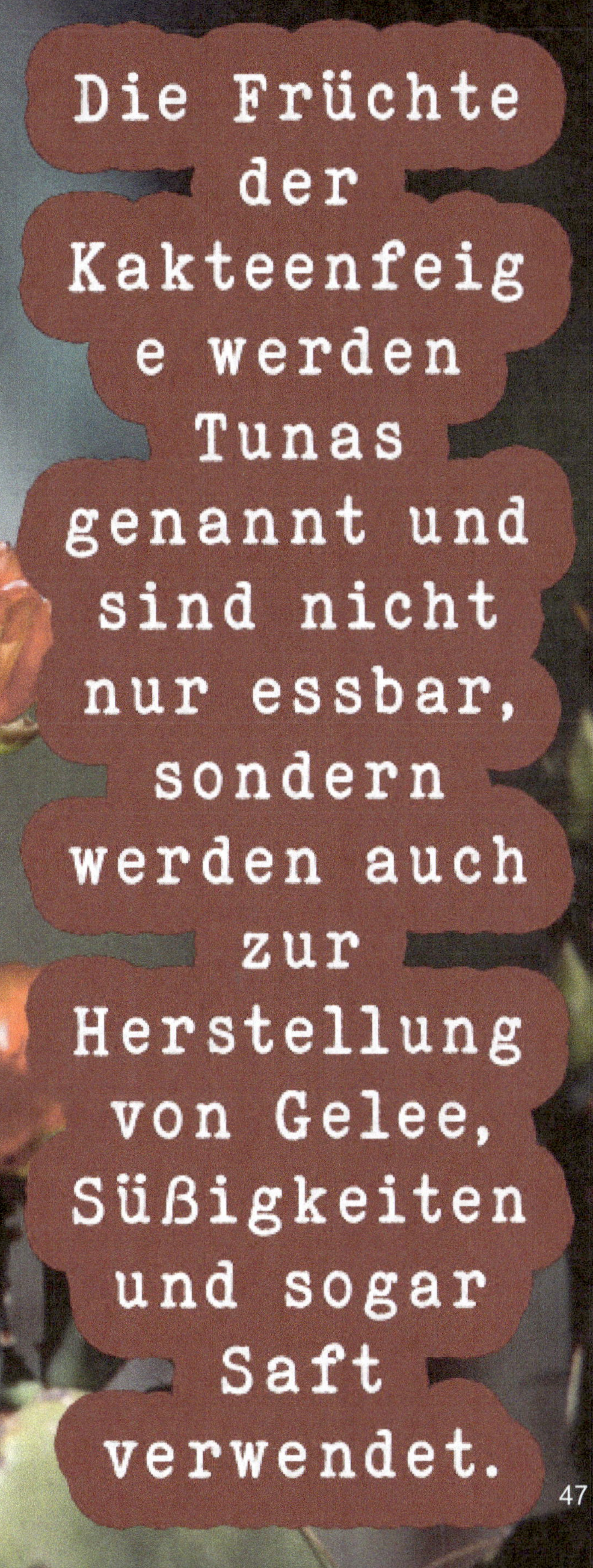
Die Früchte der Kakteenfeige werden Tunas genannt und sind nicht nur essbar, sondern werden auch zur Herstellung von Gelee, Süßigkeiten und sogar Saft verwendet.

Die Kaktusglieder der Kakteenfeige werden manchmal Nopales genannt, und in Mexiko werden sie wie ein Gemüse zubereitet und gegessen.

3

FASSKAKTUS
(Ferocactus, Echinocactus)

Der Fasskaktus ist niedrig, rund und gerippt, wie eine große grüne Wassermelone, die mit langen, scharfen Stacheln bedeckt ist.

Er kann
über
einen
Meter
hoch
werden
und mehr
als 100
Jahre alt
werden!

WUSSTEST DU SCHON?

Der Fasskaktus neigt sich mit zunehmendem Alter immer nach Südwesten. Es ist fast so, als hätte die Pflanze einen eingebauten Kompass!

Cactaceae
Cactus Family
Echinocactus platyacanthus
Giant Barrel Cactus
Special Protection
N to Central
Mexico
spring-summer

Cactaceae — Cactus Family

Sein Spitzname ist „Kompasskaktus", weil Menschen ihn früher in der Wüste nutzten, um die Richtung zu bestimmen.

Einige Arten des Fasskaktus können ihre Blüten in einem perfekten Kreis direkt oben auf ihrem Scheitel bilden.

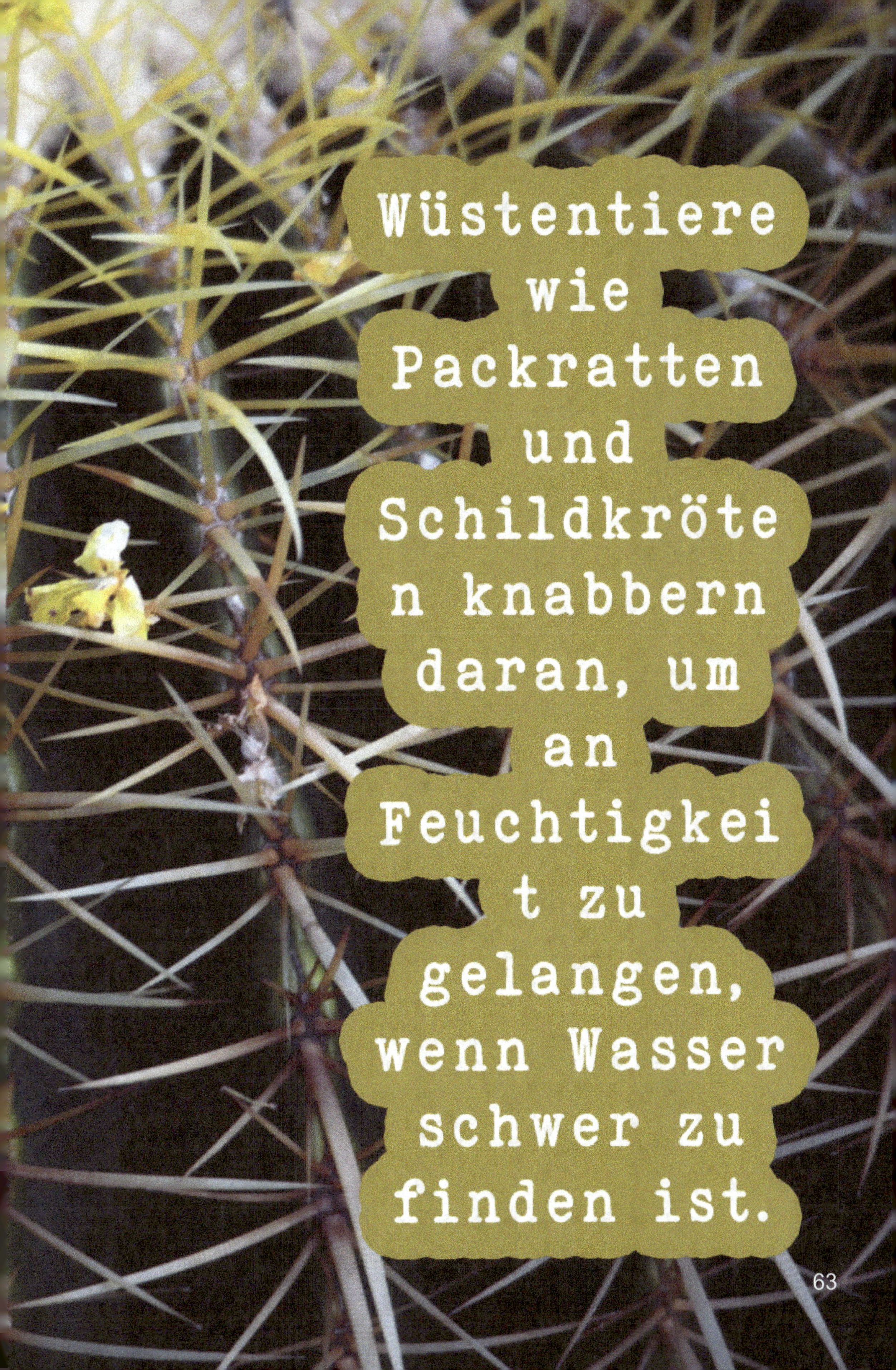

Wüstentiere wie Packratten und Schildkröten knabbern daran, um an Feuchtigkeit zu gelangen, wenn Wasser schwer zu finden ist.

Der Fasskaktus kann so viel Wasser speichern, dass er in der Regenzeit wie ein Schwamm anschwillt.

Teddybär-Cholla
(Cylindropuntia bigelovii)

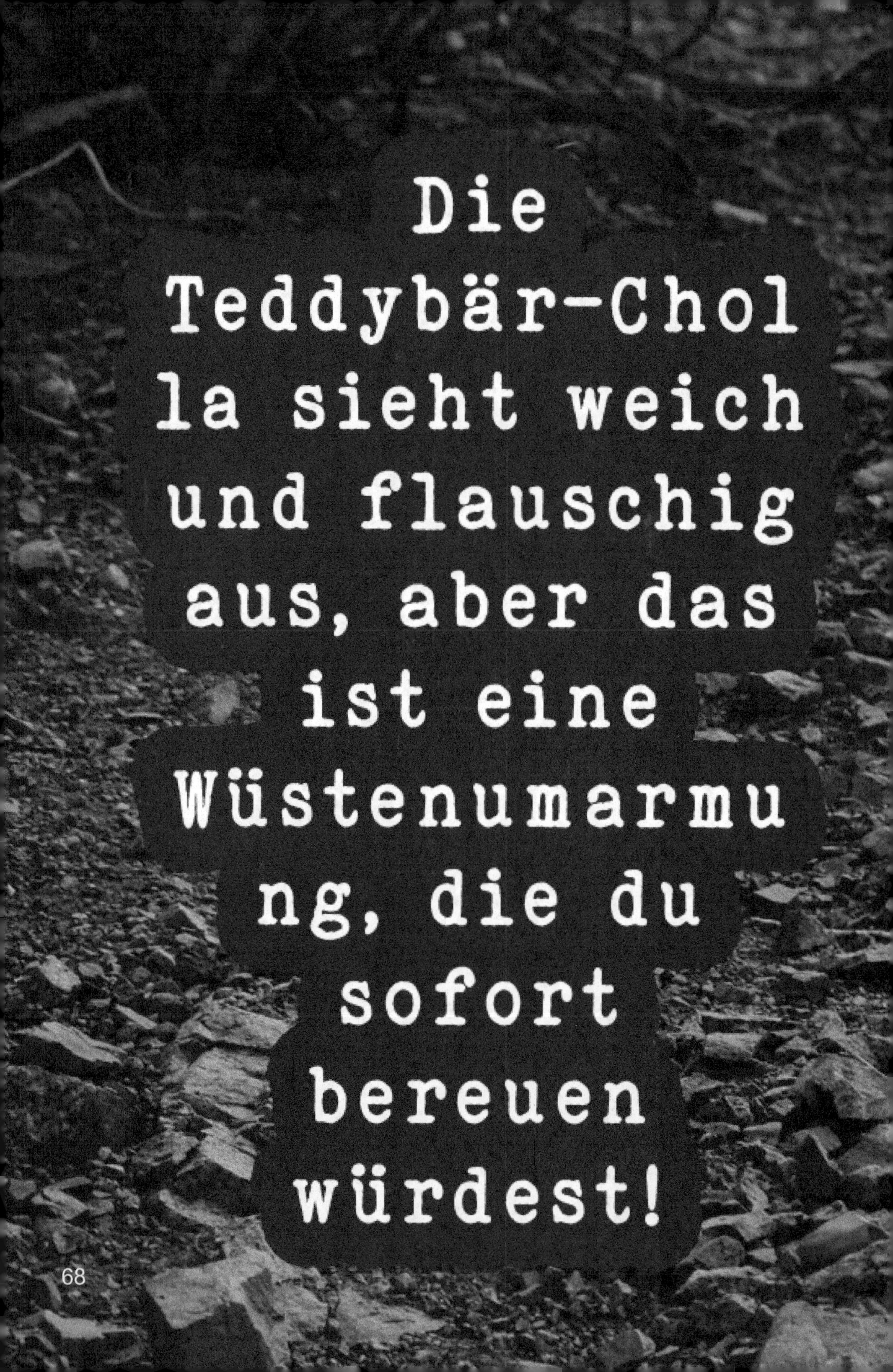

Die Teddybär-Cholla sieht weich und flauschig aus, aber das ist eine Wüstenumarmung, die du sofort bereuen würdest!

WUSSTEST DU SCHON?

Die Stacheln der Teddybär-Cholla sind so scharf und mit Widerhaken versehen, dass sie sich an allem festhaken können. Deshalb wird sie auch „Springende Cholla" genannt, weil es so aussieht, als würde sie dich anspringen!

Die Teddybär-Cholla verlässt sich nicht nur auf Samen. Ihre stacheligen Glieder brechen leicht ab und schlagen im Boden Wurzeln, sodass sie sich selbst vervielfältigen und sich wie eine stachelige Armee in der Wüste ausbreiten kann!

5

SAN PEDRO

(Trichocereus macrogonus var. pachanoi)

Der
San-Pedro-Kaktus
ist ein hoher,
schnell wachsender
Säulenkaktus aus
den Anden, der
seit
Jahrhunderten
sowohl für seine
Schönheit als auch
für seine
traditionellen
spirituellen
Anwendungen
geschätzt wird.

WUSSTEST DU SCHON?

Der San-Pedro-Kaktus wird in den Anden seit über 3.000 Jahren in der traditionellen Medizin und in spirituellen Zeremonien verwendet, nicht nur wegen seiner heilenden Eigenschaften, sondern auch wegen eines natürlich vorkommenden Wirkstoffs namens Mescalin.

Der
San-Pedro-Kaktus
wächst für einen
Kaktus erstaunlich
schnell und kann
bis zu 30
Zentimeter pro
Jahr wachsen.
Damit gehört er zu
den am schnellsten
wachsenden
Säulenkakteen der
Welt.

6

Kammförmiger Heidelbeerkaktus
(Myrtillocactus geometrizans f. cristata)

Cactaceae
Cactus Family
Myrtillocactus geometrizans
fma. cristata
Crested Whortleberry Cactus
Central Mexico

Der kammförmige
Heidelbeerkaktus
ist eine
beeindruckende,
fächerförmige
Mutation des
Heidelbeerkaktus. Er
stammt aus
Zentralmexiko und
wird von Sammlern
wegen seiner
einzigartigen,
skulpturalen Form
sehr geschätzt.

WUSSTEST DU SCHON?

Die „kammförmige"
Form entsteht,
wenn sich der
Hauptwachstumspu
nkt des Kaktus
verändert und er
sich
fächerförmig
ausbreitet, statt
in einer
einzelnen Säule
nach oben zu
wachsen.

Der kammförmige Heidelbeerkaktus bildet kleine, zarte weiße Blüten, die entlang seiner gewundenen Rippen erblühen und einen sanften Kontrast zu seiner markanten, skulpturalen Form bilden.

Dieser Kaktus ist in der Ziergärtnerei sehr begehrt, da keine zwei Kämme exakt gleich wachsen und jede Pflanze dadurch zu einer einzigartigen, lebenden Skulptur wird.

6

SILBERFACKEL -KAKTUS

(Cleistocactus strausii)

Der Silberfackel-Kaktus steht hoch und schlank da und ist von einem schimmernden Mantel aus weißen Stacheln umhüllt, die in der Wüstensonne glänzen.

WUSSTEST DU SCHON?

Trotz seines flauschigen Aussehens ist der Silberfackel-Kaktus mit scharfen Stacheln bedeckt. Sein wolliges Erscheinungsbild dient tatsächlich als cleverer Sonnenschutz!

Lerne den Kaktuszaunkönig kennen

Ein cleverer Wüstenvogel, der seine fußballförmigen Nester tief in den stacheligen Armen von Kakteen baut und die scharfen Stacheln als natürliche Festung gegen Feinde nutzt.

Bedrohungen für Kakteen

VERLUST DES LEBENSRAUMS

Viele Kakteen verlieren ihren natürlichen Lebensraum durch die Ausbreitung von Städten, Landwirtschaft und Bergbau.

Dadurch werden die Flächen kleiner, in denen sie wachsen und gedeihen können.

ILLEGALE SAMMLUNG

Einige seltene und besondere Kakteen werden von Pflanzensammlern illegal aus der Natur entnommen und im Zierpflanzenhandel verkauft.

Dadurch können die natürlichen Bestände stark geschädigt werden.

INVASIVE ARTEN

Nicht heimische Pflanzen wie Buffelgras konkurrieren mit jungen Kaktussämlingen um Platz, Sonnenlicht und Wasser, wodurch es für sie schwieriger wird zu überleben.

Dieses Foto zeigt heimische Wüstenpflanzen, nicht Buffelgras.

Überweidung

Weidetiere und einige Wildtiere können junge Kakteen zertrampeln oder fressen, sodass sie nicht bis zur vollen Größe heranwachsen können.

Wenn du Fragen, Anregungen
oder Feedback hast, freuen wir
uns sehr, von dir zu hören.

Kontaktiere uns unter:
info@shoebill.com